Productividad

23
CONSEJOS
PODEROSOS

INDICE

1. ¡Establece un plan de juego!
2. Reduccion de distracciones
3. ¿Qué deberías hacer primero?
4. Ejercicio de autodisciplina
5. Puedes hacer lo imposible
6. Motivación creciente
7. ¡No dejes que los contratiempos te depriman!
8. Estar orientado a objetivos
9. ¡Cuídate!
10. Por qué ser organizado es esencial
11. Cuando necesitas delegar
12. Evitar el agotamiento
13. Los suministros son un factor
14. Un marco mental positivo
15. Resistiendo la negatividad
16. Las tareas para tu meta
17. Sobre sus compañeros de trabajo y empleados
18. El estimulo personal

19. Resistirse a extenderse demasiado

20. Por qué necesita desestresarse

21. Establecer y clasificar sus prioridades

22. Ejercer buenas habilidades de comunicación

23. ¡Las estrategias son apropiadas en todas partes!

1. ¡Establece un plan de juego!

Un factor que todas las personas exitosas tienen en común es la gestión eficaz del tiempo. Es posible que prefieras llamarlo estructura, establecer la tarea o un plan de juego. Cualquier palabra o término que funcione para ti está bien. Mientras lo tomes en serio y lo pongas en práctica, estás creando uno de los principios básicos de productividad.

Puede ser una buena idea pensar en esto, y por qué este factor es tan esencial para el éxito. Quizás pueda comenzar pensando en lo contrario: formas que no funcionan. Incluso si tienes una tarea muy pequeña que completar, si no administras tu tiempo de manera adecuada, puedes hacerlo demasiado tarde o no hacerlo. Puedes estar trabajando en una fecha límite o tener una tarea que no tienes un tiempo específico para completarse. Si no tienes un plan de juego para hacerlo, los resultados no serán satisfactorios. Si bien la dilación y la pérdida de tiempo impiden la productividad, la falta de una gestión eficaz del tiempo puede ser tan destructiva.

Aumentar tu productividad y hacer las cosas significa tener un buen plan de juego. Primero, necesitas saber exactamente lo que debe hacerse. En segundo lugar, incluso si no tienes una fecha límite específica, también debes decidir cuándo debe hacerse. El tercer paso es ponerse a la tarea de hacerlo.

Deseas cumplir tus objetivos ya sean a corto o largo plazo. También deseas estar orgulloso y satisfecho con los resultados. Cuando no se contenta con simplemente "seguir la corriente" y, en su lugar, tomar tu plan de juego en serio en cada paso del camino, está casi garantizado el éxito, el orgullo y la satisfacción.

La estructura y la gestión del tiempo pueden resultarte fáciles si han sido parte de tu vida. Si no está acostumbrado a estos conceptos, ahora es el momento de implementarlos en tu vida cotidiana. Ya sea que estés estableciendo un negocio propio, trabajando para otra persona o si tu trabajo es cuidar a tu familia, obtendrás muchos beneficios y gratificaciones al establecer un buen plan de juego.

Si alguna vez has sentido que no hay suficientes horas en un día para hacer todo lo que necesitas hacer, este será un paso muy positivo para ti. Te sorprenderás gratamente cuánto puedes lograr. Con un plan de juego, puedes encontrarte haciendo más cosas cada día de lo que normalmente logras en una semana. No solo serás más productivo, sino que lograr cada objetivo será mucho más fácil.

2. Reduccion de distracciones

Hay pocas cosas que bloquean la productividad tan rápido y seguro como las distracciones. Cuando no puedes concentrarte y enfocarte adecuadamente, no puedes hacer las cosas. Incluso si logras algo, puede ser estresante y frustrante. Ya sea que estés en el trabajo, en la facultad, o en el ámbito donde te halles; reducir las distracciones que influyen en tu capacidad de ser productivo te ayudará a hacer más cosas.

Hay dos puntos clave que debes tener en cuenta cuando planeas reducir las distracciones en tu entorno. El primer punto es lo que funciona para ti y lo que funciona para otra persona puede ser completamente diferente. El segundo punto es que, a menos que hayas examinado tus hábitos, es posible que no estés cien por ciento seguro acerca de los hábitos que son más efectivos para ti. La buena noticia es que no requiere mucho tiempo o esfuerzo para considerar cómo tus hábitos están afectando tu productividad, y comenzar a ajustarlos en consecuencia.

Si tú eres como la mayoría de las personas en estos días, la multitarea se ha convertido en parte de tu vida cotidiana y de tu vocabulario cotidiano. Puede haber una serie de cosas que debes hacer en un día, y puedes estar haciéndolas simultáneamente. Si te excedes con la multitarea, puede haber dos consecuencias. Es posible que no lo hagas todo; o puede extenderse demasiado y no tener resultados satisfactorios.

Lo mismo puede decirse de las distracciones.

Intentar hacer un trabajo, y hacerlo correctamente y bien, no dará resultados satisfactorios si te permites que las distracciones se interpongan en el camino. Trabajar mientras escuchas música, mirar televisión o chatear por teléfono no se limita a los adolescentes. Muchos adultos hacen estas cosas en sus oficinas domésticas, e incluso en una oficina que está ocupada por otras personas. Quizás ayuden a tu concentración, pero pueden arruinar tu concentración con la misma facilidad y distraerte de lo que estás haciendo. Ser más productivo requiere un poco de análisis de tus hábitos. Puedes desactivar algunas o todas estas distracciones y ver si puedes concentrarte mejor en la tarea en cuestión. Puedes descubrir que puedes hacer el trabajo mejor, más rápido y de manera más efectiva, sin ninguna distracción. Por otro lado, puedes encontrar que uno de estos factores realmente ayuda en tu concentración.

Si bien encontrar lo que funcione para ti es fácil si trabajas por tu cuenta, puede ser un poco más complicado si trabajas con otros. Es posible que los compañeros de trabajo que usan constantemente sus teléfonos, visiten o escuchen sus radios cerca de tu espacio de trabajo te distraigan de concentrarte. Si los abordas con cortesía, esto puede ser todo lo que se necesita para reducir las distracciones para que puedas concentrarte en tu trabajo.

3. ¿Qué deberías hacer primero?

Si piensas en cuando estabas en la escuela, puedes recordar que los maestros te dijeron que la mejor manera de abordar la tarea y otros proyectos era hacer primero la tarea más difícil. Es posible que también te hayan aconsejado que abordes el tema de la tarea que más te disgustó antes de continuar. Este mismo enfoque puede mejorar enormemente tu productividad hoy.

Cuando te estés preparando para comenzar un nuevo día en el trabajo, intenta comenzar a poner en práctica este enfoque. En lugar de comenzar con una tarea que te guste, o una tarea que te resulte fácil, comienza con una que no te guste o que te parezca bastante difícil. Al final del día, puedes sorprenderte gratamente con lo que has logrado. También sentirás que el día ha ido mucho más tranquilo.

Una razón para esto es que al comienzo de tu día de trabajo tendrás más energía. Cuando dediques esta energía a las tareas más difíciles o desagradables, no te sentirás tan agotado o frustrado al realizarlas. Una segunda razón es que si comienzas con tareas que disfrutas, a menudo te encuentras mirando hacia adelante a las que no te gustan de una manera muy negativa. En lugar de disfrutar de las tareas más fáciles mientras las estás haciendo, estás temiendo las que te quedan por delante. Cuando hagas las más difíciles primero, no solo te quedará más energía para el resto del día, sino que también apreciarás más las otras tareas cuando las haga.

Este enfoque aumentará tu productividad. Cuando no ves tu día de trabajo como una batalla larga y cuesta arriba, lograrás más logros. Obtener las tareas que no te gustan primero, temprano en el día, generará mejores resultados con todas tus tareas. No solo lograrás más, sino que estarás mucho más satisfecho con el resultado de cada una de ellas.

Si bien es solo la naturaleza humana querer hacer lo que te gusta primero, tener las cosas más difíciles en el horizonte puede ralentizarte y agotar tu energía. Si quieres ser más productivo y lograr los mejores resultados en todo lo que haces, sigue los consejos de los maestros de tu escuela y enfréntate primero a los trabajos más difíciles. Tu productividad aumentará y terminarás cada día con una refrescante sensación de logro.

4. Ejercicio de autodisciplina

La autodisciplina es un factor esencial para la productividad y el éxito. Sin ella, uno se vuelve perezoso, desmotivado y dependiente de los demás. La falta de autodisciplina también hace que sea difícil tratar con empleados, jefes o compañeros de trabajo.

Ejercer autodisciplina significa, en un término anticuado, ponerse a la tarea. Necesitas saber qué debe hacerse, cuándo debe hacerse y hacerlo. La buena autodisciplina incluye un cronograma o marco básico de lo que debe lograrse dentro de un período específico de tiempo.

Sin embargo, ser demasiado rígido con la autodisciplina no aumenta la productividad. Incluso puede disminuirlo. Si no te permites ningún descanso durante la jornada laboral, o no hay margen de error, las expectativas que te estás poniendo a tí mismo son demasiado rígidas. En lugar de hacer más, o hacer más en un período de tiempo más corto, puede hacer que te sientas frustrado con tus tareas y tu trabajo.

Si aprendiste autodisciplina temprano en la vida, probablemente no tengas ninguna dificultad ahora. Por otro lado, si tus años de escolaridad y tu vida familiar fueron demasiado rígidos, o si se esperaba poco de ti, este es un buen momento para desarrollar el hábito. Es posible que hayas logrado deslizarte a través de tus primeros años sin un buen sentido de autodisciplina, pero será un obstáculo para tu carrera.

Una buena manera de comenzar a cultivar la autodisciplina es reconocer de qué eres responsable. Puedes comenzar responsabilizándote por hacer el trabajo correctamente y a tiempo. Si este es un concepto relativamente nuevo para ti, también debes reconocer que se producen errores y poder corregirlos sin una frustración excesiva.

El ejercicio de la autodisciplina también incluye no dejarse desviar por distracciones y actividades que te hacen perder el tiempo. Si bien es posible que necesites y merezcas un pequeño descanso durante tu jornada laboral, no puedes desviarlo de tu trabajo. Cuando hayas desarrollado el hábito de la autodisciplina, completar las tareas será más fácil. Se harán bien y a tiempo. Aumentarás tu productividad y te ayudará a acercarte mucho más al éxito.

5. Puedes hacer lo imposible

Si alguna vez has tenido que completar tantas tareas diferentes, o tareas que parecían estar más allá de tus capacidades, sabes lo que es sentir que es imposible. Cuando este tipo de tareas están dentro de tu rango de responsabilidad, hay algunas formas positivas en las que puedes abordar. Puedes descubrir que realmente puedes hacer lo imposible.

A veces puedes ver las tareas como imposibles porque estás abrumado por la cantidad que necesitas hacer en un corto período de tiempo. Incluso si cada uno es bastante simple, pueden sumarse a una montaña de trabajo que razonablemente no puedes esperar terminar. Esto puede suceder. Adquiere más de lo que puedes manejar, o cuando surgen "sorpresas" inesperadas sin una preparación adecuada.

Un enfoque positivo de la situación anterior es ser razonable sobre lo que puedes hacer al principio. Si asumir demasiado se debe a cuestiones como:

- Una necesidad financiera.
- Tratar de lucir bien para tu jefe.
- Superar a un compañero de trabajo.

Evaluar tus capacidades de antemano puede eliminar este problema. Una orientación efectiva para esta situación es aprender a priorizar. Si surge una tarea o proyecto inesperado mientras te ocupas de tus otras tareas, debes decidir qué tareas deben completarse de inmediato y cuáles pueden esperar hasta más tarde. En muchos casos, solicitar más tiempo para hacer todo es una buena idea.

A veces puedes tener un proyecto que realmente está más allá de tus capacidades. En estos casos, el mejor enfoque es reconocer tus limitaciones. Dependiendo de las circunstancias, puedes pedir ayuda o declarar que no puedes hacerlo.

Un buen manejo del tiempo y un claro reconocimiento de tus habilidades son las claves para hacer lo imposible. En lugar de sentirte abrumado por el trabajo, o estresarte por algo que simplemente eres incapaz de hacer, aumentarás tu energía y tu autoestima. Si bien nadie puede hacer todo, y nadie puede hacer todo igual de bien, tu procederás lo mejor que puedas. Esto, a su vez, reducirá la sensación de estar abrumado y te ayudará a ser mucho más productivo.

6. Motivación creciente

Todos hemos escuchado a las personas decir que "no estaban motivadas" como una excusa para no hacer las cosas. En la mayoría de los casos, esta es una manera educada de decir que son perezosos. En el mundo real, donde la productividad y el éxito son esenciales, la motivación es un elemento clave. Si no te resulta natural, puedes examinar formas de aumentar tu propia motivación y ponerla en práctica todos los días.

Cuanto más motivado estés, más podrás hacer. Una forma en que puedes intentar aumentar tu motivación es disfrutar y apreciar tus logros. En lugar de esperar hasta que hayas alcanzado tu objetivo, comienza por disfrutar y apreciar cada tarea que completas en el camino. Si bien no debes perder el tiempo o desviarte, darte una palmada figurativa en la espalda por las tareas completadas bien y correctamente puede ser una excelente manera de aumentar tu motivación. Querrás hacer más; y querrás continuar sobresaliendo.

Cuando haces esto, también ayudarás a aumentar tu resistencia. En lugar de sentirte abrumado por un objetivo principal en el horizonte, que puede dejarte cansado y estresado, puedes hacer que te sientas más enérgico y mejor preparado para la próxima tarea.

Es fácil para una persona perder su sentido de motivación cuando siente que no está logrando nada. Esto puede hacer que no te sientas muy bien con lo que haces e incluso que hagas menos. Afortunadamente, no es difícil revertir este patrón y llegar a la cima. Cuando te acostumbras a sentirte contento con cada tarea que completas y te enorgulleces de todos y cada uno de los logros, aumentarás tu motivación para hacer aún más y hacerlo mejor cada vez.

A medida que la motivación y la energía están conectadas, también verás que tienes mucha más energía para todas las tareas que tienes por delante. No importa cuán grande sea tu objetivo final o cuánto tiempo y trabajo necesites dedicar para lograr ese objetivo en particular, te sorprenderás gratamente de cuánto más progresas. A medida que aumenta tu motivación y tu energía, obtendrás más y más cosas. Verás qué gran productividad puedes hacer cada día.

7. ¡No dejes que los contratiempos te depriman!

Uno de los mayores obstáculos para la productividad es un enfoque que muchas personas adoptan para los contratiempos. Si ves un revés como un fracaso, no solo puedes limitar tu productividad, sino que también puedes llegar a evitar que hagas algo. Esto es cierto en cualquier línea de trabajo, escolaridad o cualquier otra área de la vida. Cuando ves un revés como un fracaso, puedes impedir que continúes. Puedes lograr menos, o no puedes lograr nada en absoluto.

Los reveses ocurren en todas las áreas de la vida. Independientemente del tipo de trabajo que tengas, probablemente los experimentes ocasionalmente o de manera regular. Pueden producirse contratiempos por cometer errores, por no estar adecuadamente preparado para lo que necesitas hacer o por problemas inesperados que no son culpa de nadie. La forma en que experimentes y veas un retroceso determina cómo te afectará a ti y a tu productividad.

Sin embargo, si se produce un retroceso, hay una perspectiva que puedes evitar que se convierta en un obstáculo y, de hecho, aumente tu productividad. Si el retroceso se debió a un error de tu parte, o si no fue culpa de nadie, negarse a verlo como un fracaso es el primer paso para volver a encaminarlo.

El segundo paso es ver el revés como una oportunidad para mejorar la próxima vez. Si has cometido un error en tu trabajo, el mejor enfoque es tratar de corregir el error y seguir adelante. Si bien es esencial que no intentes ocultar un error, no puedes permitirte que un error te detenga. Si no lo corriges y no avanzas, puede encontrarte pensando en lo sucedido u obsesionarte con él. Estos comportamientos nunca son útiles. No solo te impedirán hacer las cosas, sino que también te harán sentir mal contigo mismo. En el peor de los casos, pueden hacerte sentir incompetente. Esta no es la forma de hacer las cosas.

Ver cada revés como una experiencia de aprendizaje es un enfoque mucho mejor. Puedes decirte a ti mismo que eres capaz de hacerlo mejor y de hacer más. Siempre que mires los contratiempos de esta manera, en lugar de fracasos, no te impedirán avanzar. Corrije el error, aprende de él y avanza. Cuando hayas desarrollado este patrón y lo conviertas en una parte regular de tu vida laboral, los contratiempos no se interpondrán en tu camino a ser productivo.

8. Estar orientado a objetivos

Puede que te sorprendas de cuántas personas no saben a qué apuntan en su vida laboral. Por otro lado, podrías ser una de esas personas tú mismo. Si es así, ahora es el momento de orientarse a objetivos. Cuando sabes a dónde vas, ese es uno de los pasos más importantes para asegurarse de llegar allí.

Cuando te estás preparando para ir a trabajar por la mañana, ¿cuál es el primer pensamiento que se te ocurre en el tema de tu meta? Si eres como muchas personas, no piensas en eso en términos de una meta en absoluto. En cambio, puedes estar pensando en cuánto trabajo tendrás que hacer, o qué tan bueno será el sueldo al final de la semana.

Si cambias tus pensamientos a una meta, será mucho más productivo.

Dependiendo de la naturaleza de tu trabajo, los objetivos pueden adoptar una variedad de formas diferentes. Puedes tener algo que producir por tu cuenta, o puedes ser parte de un equipo. Puedes tener un sentido muy positivo de autodisciplina, o trabajar muy bien como jugador de equipo. Cualquiera que sea el resumen de tu lugar en tu vida laboral, estar orientado a objetivos aumentará tu productividad.

Estar orientado a objetivos no tiene que significar centrarse únicamente en un gran logro. Si comienzas a considerarlo como una serie de objetivos pequeños, cada uno que logres te brindará dos beneficios, los cuales son:

- Estar más motivado a continuar.
- Estar más cerca de tu meta.

Nada se puede lograr de la noche a la mañana. Cualquier cosa que realmente valga la pena requiere tiempo, esfuerzo y trabajo. Cuando fijas tu mirada percibiendo tanto la distancia, como los pasos que debes lograr para llegar allí, pronto verás cuánto más productivo serás en cada trayecto del camino. Simplemente seguir la corriente y no poner tu énfasis en tus objetivos te retrasará. No lograrás mucho si no te enfocas en lograrlo. Cuando sabes a dónde vas, es la forma más segura de saber que llegarás allí.

9. ¡Cuídate!

Si eres como la mayoría de las personas, probablemente hayas tenido la experiencia de trabajar toda la noche para hacer algo. Es posible que no hayas dormido, o no te hayas alimentado y otros factores importantes en el auto cuidado, con el fin de terminar una tarea o cumplir con una fecha límite. Si bien a veces es necesario hacer esto, descuidar el auto cuidado de forma regular o frecuente será contraproducente. Tu salud puede sufrir mientras no logres casi tanto como esperabas.

Cuidarse no solo te mantendrá en buena salud, sino que también te mantendrá productivo. La persona que no duerme regularmente, o que depende de la comida chatarra en lugar de comer comidas nutritivas, no estará física ni mentalmente a la altura. Si bien puedes creer que estás dando el cien por ciento a tu trabajo, estos hábitos poco saludables resultan perjudiciales.

Por otro lado, si duermes lo suficiente de manera regular y haces una dieta saludable, tendrás más para dar a tu trabajo. Cuando estés en la mejor condición, te concentrarás mejor, estarás más alerta y no te fatigarás tan fácilmente. Lo harás mejor y harás más.

Si tu día de trabajo ha consistido en tomar muchas tazas de café u otros estimuladores de energía artificiales, es hora de examinar tus hábitos de cuidado personal. Si descubres que no has dormido lo suficiente y has confiado en estos productos para mantenerte funcionando, o si consideras que la buena nutrición ha sido reemplazada por comida chatarra y bocadillos, es hora de evaluar qué están haciendo estos hábitos a tu salud general. También es hora de pensar en los efectos que puede tener en tu trabajo.

Aunque casi todos están ocasionalmente en la posición de saltarse una comida o trabajar hasta altas horas de la noche, si estos se han convertido en hábitos para ti, no es probable que te estén ayudando a ser más productivo. De hecho, probablemente te estén frenando.

Incluso si tienes un trabajo acelerado con muchas responsabilidades y plazos, descuidar el cuidado personal adecuado es contraproducente. Cuando comiences a desarrollar el hábito de dormir lo suficiente y una dieta adecuada, harás más que cuidarte. Harás más y estarás más satisfecho con los resultados.

10. Por qué ser organizado es esencial

Si lo piensas bien, ser organizado es uno de los factores más esenciales para ser productivo. No necesitas ser extremadamente rígido para organizarte, pero sí debes ser consciente y reflexivo de todo lo que implica tu día de trabajo. Hacer las cosas significa organizarte con tu tiempo, los suministros y el equipo que usas y tus expectativas.

Puedes pensar en alguien desorganizado y cómo afecta su trabajo. Puedes apresurarte de vez en cuando a lo largo de la jornada laboral, faltar a las citas, no estar seguro de lo que debes lograr y ser descuidado con los suministros o equipos con los que trabajas durante el día. Esta es una persona que no hace las cosas porque estar desorganizado le impide ser productivo.

Obtendrás mucho más éxito en un período de tiempo más corto si estás bien organizado. Puedes comenzar haciendo un cronograma básico de lo que debes hacer y cuándo debe hacerse. Puedes asegurarte de saber de antemano dónde se encuentran todos tus suministros, para no perder el tiempo buscando algo cuando necesites usarlo.

Estar organizado con tiempo y elementos materiales no es nada difícil. Sin embargo, si aún no has cultivado este hábito, puedes requerir un poco de práctica antes de que comiences a sentirte completamente natural para ti. Preparar un resumen de tu día de trabajo te ayudará a estar donde necesitas estar y hacer las cosas a tiempo. Mantener todos tus suministros ordenados y organizados te ayudará a evitar perder el tiempo y sentirte frustrado por no poder encontrar fácilmente los artículos cuando los necesites.

Cuando tu objetivo es aumentar tu productividad, hacer las cosas, organizarte es un factor esencial. Si tú eres una de las muchas personas que aún no han desarrollado este hábito positivo, los resultados pueden sorprenderte. Pronto verás que estás logrando mucho más, haciendo un mejor trabajo y terminando con resultados que son más satisfactorios. Organizarte mejor en cada aspecto de tu vida laboral mejorará en gran medida tu productividad.

11. Cuando necesitas delegar

Hay dos tipos diferentes de delegación que son negativos. Ambos pueden inhibir la productividad, en lugar de aumentarla. Si reconoces algunos de estos factores en tu vida laboral, puedes comenzar a cambiarlos para obtener mejores resultados.

La primera forma negativa de delegar involucra a la persona que quiere hacer todo por sí misma. Si bien esto puede sonar positivo al principio, en realidad no lo es en absoluto. La persona que insiste en realizar más trabajo del que razonablemente puede hacer, o un trabajo que no es completamente capaz de realizar por sí mismo, no solo se vuelve menos productivo sino que también afecta la productividad de todos los que cuentan con él para hacer el trabajo. Si tienes miedo de pedir ayuda o si simplemente eres presuntuoso, puedes retrasar a todos los demás, así como a tí mismo.

La segunda forma negativa de delegar involucra a la persona que elude sus propias responsabilidades. Puedes pedirles a otros que hagan tareas que realmente debieras estar haciendo tu mismo. No solo no estás cargando tu propio peso, sino que estás ocupando el valioso tiempo de otras personas.

La delegación positiva es sensata. Cuando reconoces que no puedes hacer todo, y que no puedes hacerlo todo igualmente bien, estás aumentando tu propia productividad además de la productividad de quienes te rodean.

Cuando tienes una tarea o proyecto muy grande o difícil, pedir ayuda a otros te ayudará a hacer el trabajo y hacerlo más rápido. En lugar de considerar la delegación como una admisión de debilidad o incompetencia, estás reconociendo el alcance de tu propio rol y tus propias capacidades. Esto, a su vez, les dará a otros la oportunidad de participar y ayudar a hacer el trabajo.

Delegar para hacer menos de lo que puedes hacer, o menos de lo que razonablemente se espera que hagas, siempre es negativo. Sin embargo, cuando te enfrentas a más trabajo del que razonablemente puedes hacer por tu cuenta, o un trabajo que no eres capaz de completar por tí mismo, delegar es la solución sensata. Cuando se necesita hacer un trabajo, y a tiempo, y bien, el trabajo en equipo dará los mejores resultados.

12. Evitar el agotamiento

Hay muy poco que pueda causar una disminución de la productividad tan fácilmente como el agotamiento. Si bien puedes sentir la tentación de creer que dedicar cada momento de vigilia a trabajar en tu trabajo es una buena manera de hacer las cosas, hay un factor adicional que quizás no hayas considerado. Cuando figurativamente te llevas tu trabajo a casa, puedes aumentar tu riesgo de agotamiento y lograr mucho menos a largo plazo.

Esta forma de llevarte el trabajo a casa no implica hacer un trabajo esencial durante tu tiempo libre. Implica mantener tu trabajo en mente durante tus horas libres. Cuando estés en tu casa o en otro lugar que no sea tu lugar de trabajo, puedes agobiarte fácilmente manteniéndolo como tu enfoque principal.

Durante tus horas libres, puedes dedicar mucho tiempo a pensar en tu trabajo. Puede que te preocupes si harás algo a tiempo o la calidad general de tu trabajo. Esto puede llevarte a estar demasiado estresado, ansioso y abrumado. Tu puedes sentirte más fatigado por tu trabajo cuando lo estás pensando y preocupándote por eso que cuando realmente estás haciendo tu trabajo.

Si no tienes trabajo que completar después de tu día normal de trabajo, puedes evitar el agotamiento si dejas tu labor en tu lugar de trabajo cuando te vayas a casa. En lugar de estresarte por lo que sea que necesites lograr al día siguiente, o por el progreso que estás haciendo con algo en lo que estás trabajando, intenta aprender a dejar esos pensamientos y preocupaciones en el lugar que te corresponde.

13. Los suministros son un factor

Es posible que hayas escuchado el viejo dicho que un buen trabajador siempre cuida sus herramientas. Esto es igualmente relevante, ya sea que trabajes en una oficina o desde tu casa. Mantener todos tus suministros en excelente estado de funcionamiento y de fácil acceso te harán más productivo.

No importa qué tipo de suministros uses durante tu día laboral promedio, la negligencia puede retrasarte. No puedes hacer un trabajo de manera efectiva si tus suministros están rotos, dañados o desgastados por el uso. Si intentas utilizar suministros que no están en buenas condiciones, la calidad de tu trabajo puede verse afectada. Puede llevar mucho más tiempo hacer las cosas, y no se harán tan bien como lo harían con los suministros que están en las mejores condiciones.

Piénsa de esta manera: si estás intentando trabajar en una computadora que no está a la altura, o estás utilizando una herramienta manual que está doblada o dañada, o un equipo de oficina que se detiene mientras lo estás utilizando, tu productividad puede detenerse por completo. Puedes sentirte frustrado o enojado, y posiblemente no hacer el trabajo en absoluto.

Cuando todos tus suministros, herramientas y equipos se mantienen en condiciones ideales, están en mejor forma para hacer el trabajo correctamente. Tu trabajo no se ralentizará y no correrá el riesgo de errores por equipos defectuosos. Los buenos suministros en buenas condiciones significan hacer las cosas y obtener los mejores resultados.

No importa la prisa que tengas para completar una tarea y finalizar un día de trabajo, tomarte unos minutos para asegurarte de que todo esté en buen estado te ahorrará tiempo y eliminará la frustración innecesaria. También puedes reemplazar los suministros o equipos dañados lo antes posible. Puedes llevar este nuevo hábito positivo aún más lejos al asegurarte de que todos tus suministros y equipos se guarden donde pertenecen cuando hayas terminado de usarlos. Estos nuevos hábitos te beneficiarán a ti, así como a todos los que usan los mismos suministros y equipos. Hará que tu día de trabajo sea mucho más suave y serás más productivo.

Cuando tengas tiempo libre, desarrolla algunos hábitos positivos. Aprender a relajarse, participar en actividades recreativas saludables y dedicar tiempo y atención a tus amigos y familiares reducirá el riesgo de agotamiento. Cuando hayas comenzado a desarrollar estos hábitos, no te llevará mucho tiempo ver los resultados. Comenzarás cada nuevo día laboral sintiéndote física, emocional y mentalmente renovado. Tendrás más para dar a tu trabajo cuando se actualice. Estarás más motivado, más enérgico y más productivo.

14. Un marco mental positivo

Nada tiene el poder de aumentar tu productividad tan segura y fácilmente como un estado de ánimo positivo. Si bien es posible que no tengas el tiempo o la inclinación para repetirte afirmaciones durante el día de trabajo, es esencial reconocer que tu mentalidad influye y afecta tu productividad.

Si tienes problemas en tu vida personal, cuanto más capaz seas de mantenerlos fuera de tu jornada laboral, mejor te desempeñarás. Incluso si algo es especialmente problemático, debes hacer todo lo posible para mantener tus problemas personales separados de tu vida laboral. Si hay algo con lo que necesitas ayuda, obtenerla durante tu tiempo libre puede evitar que interfiera con tu trabajo.

Por otro lado, si hay algo negativo en tu vida laboral, debe abordarse y tratarse lo antes posible. Sentirte abrumado, ansioso, estresado o agobiado solo te retrasará.

Cuanto más puedas ser positivo y optimista, más lograrás. Incluso si te enfrentas a una tarea que es especialmente grande o difícil, un estado de ánimo positivo puede ayudarte a lograr más de lo que pensabas que podrías.

Nada se puede hacer de una vez. A veces se necesitan muchos pasos pequeños para hacer algo. A veces se producen errores y reveses. Sin embargo, cuando tengas en cuenta que cada paso te acerca a tu objetivo, estás en el camino correcto. Cuando te dices a ti mismo que cada pequeño logro es un objetivo logrado en sí mismo, te estás dando el aliento y la motivación que necesitas para el éxito.

Tener un estado mental positivo no es algo natural para todos. Si tú eres de las muchas personas que nunca ha pensado mucho en ello, hoy es el momento ideal para comenzar. Un estado de ánimo positivo te permitirá sentirte más seguro de ti mismo y de tus habilidades. Incluso si la autoconfianza es una experiencia relativamente nueva para ti, estarás cosechando las recompensas en muy poco tiempo. Pronto verás cuán importante es un estado de ánimo positivo y esto producirá que quedes más satisfecho con los resultados.

15. Resistiendo la negatividad

La negatividad es un gran bloque para la productividad. También asegura que cualquier cosa que se haga no sea satisfactoria ni apreciada. Ya sea que la negatividad que deba resistir sea la tuya o la de otra persona, cuanto más rápido se resuelva, más pronto volverá a la normalidad.

La negatividad puede venir en muchas formas, y todas son contraproducentes. La negatividad puede venir en forma de **menosprecio**. Es posible que no estés seguro de tu capacidad para hacer el trabajo o hacerlo bien. Si crees que el fracaso está en el horizonte, esta es la forma más segura de hacerlo realidad. Puedes resistir la negatividad del menosprecio recordándote tu competencia. Es posible que necesites practicar haciendo esto regularmente. Cuando no permites que una luz negativa eclipse tus habilidades, evitarás que te detengas.

La negatividad también puede venir en forma de **quejas**. Ya sea que te quejes de tu trabajo o de otra cosa en tu vida, este tipo de negatividad puede afectar tu trabajo. Quejarse te desgasta y arruina tu capacidad de concentrarte adecuadamente. Cuando resistas el impulso de quejarte cada vez que sientes el deseo de hacerlo, tomará medidas para mantener la negatividad fuera de tu vida laboral. En lugar de cansarse y ponerte de mal humor por quejarte, tu nivel de energía será el mejor.

La **preocupación** es otra forma de negatividad. Puede ralentizarte y hacer que seas menos productivo. Aunque parezca difícil, un buen enfoque es recordar que la preocupación no logra nada. Si el tema es algo que puedes resolver, hacerlo lo más rápido posible reducirá tu preocupación. Si no se puede tratar de inmediato, trata de olvidar la preocupación mientras trabajas. Incluso es posible que debas decirte que la preocupación en sí misma no resolverá un problema. Esto te ayudará a concentrarte y concentrarte mejor.

Si encuentras que tu negatividad es extrema, solicitar ayuda externa puede ser útil. Puedes aprender a estar en un mejor estado mental. Esto es mejor para tu salud en general, y también mejor para tu productividad. Cuanto más capaz seas de resistir la negatividad de forma regular, más lograrás.

16. Las tareas para tu meta

Algunas personas tienen la costumbre de ver su objetivo como lo principal que necesitan lograr. Incluso pueden verlo como lo único que necesitan lograr. Si esto te suena familiar, te estás perdiendo algo muy importante que puede aumentar tu productividad. Si observas todas y cada una de las tareas que necesitas completar para lograr tu objetivo como algo muy importante en tí mismo, tu progreso será mucho más fluido y podrás hacer más cosas.

Una buena manera de pensar en esto es en términos de construir una casa. Si solo piensas en la casa completa, se están perdiendo todos los pasos en el camino. Hay muchos pasos necesarios para construir una casa. Ninguno se puede omitir o hacer mal si deseas que la casa sea fuerte y esté en excelentes condiciones cuando esté terminada.

Los objetivos que tienes en tu vida laboral son similares. Independientemente de en qué consiste tu objetivo particular, hay una serie de pasos que deben realizarse para lograrlo. Para obtener los mejores resultados posibles, cada tarea requiere un tiempo, esfuerzo, trabajo y concentración.

Si tienes un objetivo muy importante por delante, puedes verte tentado a acortar algunas de las tareas intermedias. Incluso puedes tener la idea de que apresurarte en tus tareas te ayudará a alcanzar la meta final mucho antes. Este nunca es un buen enfoque. Cuando no das lo mejor de ti en todas y cada una de las tareas, por pequeños que sean, los resultados finales no serán tan satisfactorios como esperas.

Dar lo mejor de ti en cada tarea no significa hacer que algo parezca más importante de lo que realmente es, perder el tiempo u olvidarte de tu objetivo final. Dar lo mejor de ti significa asegurarte de que cada tarea que realices reciba el tiempo y la atención que merece. Significa tomar los trabajos más pequeños tan en serio como los trabajos más grandes.

Dedicar una cantidad adecuada de tiempo y atención a todas y cada una de las tareas que realices no te retrasará. De hecho, puede ayudarte a estar mejor motivado para cada tarea que te espera. Cuando das lo mejor de tí mismo a cada uno, no importa cuán pequeño sea, aumenta tus posibilidades de estar completamente satisfecho con los resultados finales cuando alcanzas tus objetivos más importantes.

17. Sobre sus compañeros de trabajo y empleados

Hay una tendencia que es popular en el mundo de los negocios de hoy. Algunas personas creen que la competencia es la mejor manera de aumentar la productividad. No importa en qué línea de trabajo te encuentres, es muy probable que este enfoque resulte contraproducente.

Primero, el trabajo en equipo es mucho mejor que la competencia. Cuando utilizas el enfoque de que todos trabajan por el bien común de la empresa, se logrará más. Cuando se elimina el sentido de la competencia, cada persona querrá contribuir lo mejor posible simplemente porque es su lugar para hacerlo. No sentirás que debes superar a tus compañeros de trabajo, lo que a su vez aumentará la sensación de trabajo en equipo. Cuando todos trabajen en equipo y trabajen hacia un objetivo común, la productividad aumentará.

En segundo lugar, todos necesitan sentir que lo valoran. Esto es tan cierto en el lugar de trabajo como en cualquier otro lugar. El mejor empleado, y el empleado que hace más, es el que cree que su trabajo es apreciado.

Otro factor para aumentar la productividad es reducir la cantidad de tensión, fricción y conflicto en el lugar de trabajo. Cuando hay empleados que no se llevan bien con los demás, o que alguien más hace el trabajo por ellos, o simplemente es difícil estar cerca de esta o estas personas de manera regular, este tipo de problemas deben abordarse lo más rápido posible.

La productividad es óptima en el lugar de trabajo donde todos los presentes se llevan bien. Esto no significa perder tiempo con conversaciones y visitas innecesarias. Simplemente reconocer que todos están allí con el mismo propósito suele ser suficiente.

El lugar de trabajo debe ser un lugar donde cada empleado se sienta cómodo. Debe ser un lugar donde todos sepan que sus compañeros de trabajo tienen todos los mismos objetivos en mente. Cuando cada persona sabe que es una parte valiosa de la empresa y una parte valiosa del equipo, cada persona se sentirá más segura y será más productiva.

18. El estimulo personal

Animarse a sí mismo recompensándose a lo largo de una actividad puede ser algo bueno. Desafortunadamente, si se aborda de la manera incorrecta, puede ser más problemático de lo que vale. Si crees que te debes tiempo libre, obsequios especiales u otra cosa notable cada vez que logras algo, pronto te encontrarás logrando muy poco. En lugar de verlo como una recompensa por un trabajo bien hecho, puedes comenzar a sentir que tienes derecho a recompensas o favores especiales para completar tareas que están dentro de tu alcance de responsabilidad de todos modos.

Esta es la razón por la cual concederse pequeños "extras" para hacer tu trabajo no suele ser una buena idea. Es aún más negativo si esperas un reconocimiento especial o recompensas de tu jefe o compañeros de trabajo por hacer lo que se supone que debes hacer. Recompensarse a sí mismo como si hubieras logrado un logro espectacular no es la mejor manera de hacer el trabajo.

En cambio, aplicar un poco de aliento debe ser la única recompensa que necesitas. Cuando completas una tarea a tiempo, o realizas un proyecto especialmente bien, puedes reconocerlo como un éxito pequeño pero importante. Cuando aplicas este tipo de aliento con una palmada figurativa en la espalda, te recompensas por un trabajo bien hecho. También estarás preparado para pasar a la siguiente tarea o al siguiente paso.

Este concepto funciona igual de bien si trabajas solo o en grupo. Si nadie se siente obligado a creer que debería obtener algún tipo de reconocimiento especial por hacer su trabajo, la prioridad será hacer el trabajo. En entornos de trabajo que incluyen un número de personas que trabajan juntas como grupo, nadie se sentirá más o menos importante que nadie. Cada persona se dará cuenta de que se espera que contribuya con algo, sin esperar recibir nada único por hacerlo.

Animarse a sí mismo en el camino servirá para mantener el ánimo en alto y tu sentido de motivación en tu apogeo. Si bien los logros importantes pueden dar lugar a algún tipo de pequeña recompensa adicional, el estímulo personal debe ser la única recompensa necesaria para hacer tu trabajo.

19. Resistirse a extenderse demasiado

Hay dos formas en las que puedes extenderte demasiado. Puedes realizar más trabajo del que sea razonablemente capaz de realizar; o puedes asumir un trabajo que está más allá de tus capacidades. Ambos pueden sobrecargar tu energía, hacer que te sientas frustrado y que te desanime mucho. También resultan en ser menos productivos.

Es posible que conozcas a individuos que sean adictos al trabajo. Esta clase de personas, las cuales siguen ejerciendo su labor incluso mucho después de haber dejado el lugar de trabajo, pueden sentir que siempre hay algo más que deben hacer, muchas horas después de haber dejado el trabajo. Estos sujetos pueden sentir que no se realizará ningún trabajo o que no se realizará correctamente, a menos que ellos mismo lo estén haciendo.

Si eres esta persona, ahora es un buen momento para evaluar tus hábitos de sobre extensión. Si bien seguramente deseas ser cuidadoso y completar todo lo que es tu responsabilidad, extenderse demasiado no te hará más productivo. Puede tener exactamente el efecto contrario.

Extenderse demasiado de forma regular te agotará y causará estragos en tu salud. Permitirse entrar en esta condición puede afectar tu capacidad de concentración. Puedes comenzar a cometer errores innecesarios o ser olvidadizo. No lograrás hacer tanto como esperabas.

Puedes resistirte a extenderte demasiado siendo razonable tanto con tus habilidades como con tu tiempo. Incluso si estás trabajando en un proyecto muy importante, no puedes poner "24/7" en él y esperar que salga bien. Debes tomarte un tiempo razonable para descansar, comer y hacer ejercicio, e incluso algo de recreación, para estar en las mejores condiciones para hacer el trabajo.

Extenderse demasiado al intentar hacer un trabajo que está más allá de tus capacidades también puede ser contraproducente. Si no estás completamente calificado para hacerlo, no saldrá bien. En lugar de extenderte demasiado con algo que sabes que no puedes hacer, es mejor dejarlo a alguien que realmente esté calificado para completarlo correctamente.

Desanimarse acerca de tu trabajo no tiene que suceder. Si te propones no esforzarte demasiado, serás más productivo que si tratas de asumir todo por ti mismo.

20. Por qué necesita desestresarse

El estrés tiene muchos resultados, y ninguno de ellos es positivo. Los resultados del estrés pueden obstaculizar el trabajo. Incluso si un trabajo está terminado, los resultados del estrés pueden minimizar tu sensación de logro y satisfacción. Cuando te desestreses, darás lo mejor de ti y apreciarás el resultado.

Como cada persona es un individuo, puede ser útil para ti determinar las mejores formas de desestresarse. Un descanso para tomar café, una caminata rápida o pensar en algo completamente diferente durante unos minutos, son algunas formas que pueden ser útiles para ti. Tu propia personalidad y necesidades individuales deben ser los factores decisivos. Un método que funciona para una persona no necesariamente funciona tan bien para la siguiente.

Si no te quitas el estrés cuando es necesario, no harás mucho. El estrés puede anular tu concentración, dejándote concentrado en todo lo que no sea la tarea en cuestión. Demasiado estrés, especialmente si es prolongado, puede provocar fatiga y enfermedad física. Además de causar dolores de cabeza y una sensación general de malestar, el estrés prolongado incluso tiene el poder de debilitar tu sistema inmunológico. En el peor de los casos, el estrés extremo y prolongado puede provocar complicaciones médicas.

Cuando el estrés tiene el poder de causar todos estos problemas, debería ser fácil ver cómo puede afectar tu trabajo. Es por eso que desestresarse cuando sea necesario hacerlo no debe considerarse un lujo, una tontería o una pérdida de tiempo.

Desestresarse no debe verse como una excusa. Una vez que hayas comenzado a evaluar los efectos del estrés en tu vida laboral, no debería ser difícil determinar cuándo surge la necesidad de eliminar el estrés. Sin embargo, ni tú ni tu trabajo pueden darse el lujo de utilizar el desestresante como excusa para ser perezoso o irresponsable. Un pequeño descanso para cualquier tipo específico de método anti estrés que sea más apropiado para ti debe reducir o aliviar tu estrés. Cuando no estés abrumado por el estrés, serás más fácil concentrarte en lo que estás haciendo y hacerlo.

21. Establecer y clasificar sus prioridades

Cuando estás en el trabajo, prácticamente todo lo que haces es importante. Sin embargo, establecer y clasificar tus prioridades ayudará a mantener todo en tu perspectiva adecuada. Esta es una forma positiva de hacer las cosas.

Establecer y clasificar prioridades significa reconocer que algunas tareas requieren más tiempo que otras, y algunas tareas requieren más trabajo que otras. Si cometes el error de tratar de asignar la misma cantidad de tiempo a cada tarea, te ralentizarás y no lograrás tanto como deberías.

Si bien deseas dar lo mejor de tí en cada tarea, determinar cuáles requerirán más tiempo y esfuerzo es un enfoque mucho más productivo que tratar de ver todo por igual.

Establecer y clasificar tus prioridades también significa determinar qué tareas deben completarse primero. Puedes darte cuenta de que esto es solo lógico, pero a menudo no sucede de esa manera. Quizás haya un proyecto muy grande en el horizonte, que requerirá una cantidad de tiempo y esfuerzo significativamente mayor que los proyectos más pequeños que tienes a mano. Quizás haya uno que incluya un período de tiempo importante, o incluso una fecha límite. En casos como estos, es posible que hayas tenido la tentación de hacer primero las tareas más pequeñas y fáciles.

Cuando clasificas tus prioridades, puedes

comenzar decidiendo qué trabajo o proyecto necesita tener tu atención antes que cualquier otro. Este método no solo garantizará que se haga, sino que también lo cumplas sin la motivación suficiente para hacerlo correctamente. De manera similar a lo que se dijo anteriormente en este libro sobre asumir primero los trabajos más difíciles, cuanto antes comience uno con una fecha límite, más probabilidades tendrá de completarlo a tiempo.

Establecer y clasificar tus prioridades no es una tarea difícil ni requiere mucho tiempo. Si comienzas cada día de trabajo con un breve resumen de todo lo que necesitas lograr, puedes asignar la máxima prioridad a las tareas que deben completarse primero. Todo tu día de trabajo será mucho más suave y podrás hacer más.

22. Ejercer buenas habilidades de comunicación

Ya sea que trabajes solo o en una oficina ocupada, las buenas habilidades de comunicación deben ser una parte estándar de tu vida laboral diaria. Cuanto mejor sepas desarrollar estas habilidades, más podrás hacer. A su vez, todas las personas con las que trabajas pueden ser más productivas.

A algunas personas se les debe recordar que las buenas habilidades de comunicación incluyen conocer la diferencia entre una comunicación fructífera y una pérdida de tiempo sin sentido. Es posible que tengas a alguien en tu oficina a quien le guste "visitar" a sus compañeros de trabajo durante todo el día, o siempre parece estar hablando por teléfono. Este tipo de actividad social no es apropiada para el lugar de trabajo. Impide que se realice el trabajo.

Las buenas habilidades de comunicación en el lugar de trabajo generalmente se pueden resumir en dos categorías. Existe el tipo de comunicación que debe ser tan directa, breve como sea posible. Puedes decir lo que necesites decir, hacer una pregunta o aclarar algo, sin perder tu propio tiempo o el de la otra persona. El otro tipo de comunicación es el que implica dar, recibir o intercambiar información. Es posible que debas informar a alguien sobre un aspecto del trabajo o solicitar una explicación detallada sobre un proyecto. En la mayoría de los casos, estas son las únicas formas de comunicación que mejoran el lugar de trabajo y aumentan la productividad.

Las buenas habilidades de comunicación también implican ser receptivos y escuchar lo que dice la otra persona. Simplemente esperar tu turno para hablar es un hábito negativo que debería haberse eliminado en la infancia. Si aún no haz desarrollado el hábito de tener buenas habilidades para escuchar, puede ser útil practicar este hábito durante tu tiempo libre. Si ocasionalmente almuerzas o descansas con tus compañeros de trabajo, este puede ser un excelente momento para desarrollar tus habilidades de escucha.

Practicar buenas habilidades de comunicación en el lugar de trabajo ahorra tiempo. Cuando las preguntas, respuestas y explicaciones se reciben por completo cuando se hablan por primera vez, se elimina la necesidad de repetir. También le da a la otra persona el mensaje de que lo que dices es valioso. Cuando todos están "en el mismo camino", todos harán más cosas.

23. ¡Las estrategias son apropiadas en todas partes!

Cuando escuches la palabra "productividad", lo primero que se te viene a la mente es probablemente tu trabajo y el lugar de trabajo. La buena noticia es que todas estas estrategias para aumentar la productividad también son apropiadas para otros "lugares" en la vida. Son igual de útiles para los estudiantes que desean hacer más con su trabajo en la universidad o la escuela secundaria, e incluso para las amas de casa que nunca parecen tener suficiente tiempo para hacer todo lo que hay que hacer.

Solo hay veinticuatro horas en un día. Este es un hecho igualmente cierto para todos. En interés de tu salud y bienestar general, se debe asignar una cantidad de esas horas para dormir, recreación y otros hábitos importantes relacionados con la salud. Si bien esto todavía deja bastantes horas en el día para hacer las cosas, tu tiempo puede ser mal dirigido o malgastado si lo permites, o si no estás seguro de cómo manejar mejor esas horas.

Las estrategias para hacer las cosas se centran en la mejor manera de administrar tus horas de trabajo para obtener una productividad óptima. Cuando aprendas cómo no perder el tiempo y aprovechar al máximo cada hora y cada día, harás más cosas. En lugar de sentirte estresado, sobrecargado de trabajo, lo que puede conducir a resultados menos que satisfactorios, los resultados que logres serán logros reales.

Desarrollar y practicar estas estrategias para

hacer las cosas no tomará mucho tiempo o esfuerzo de tu parte. Un poco de motivación, y la voluntad de comenzar a ponerlo en práctica, es realmente todo lo que necesitas. No solo te verás cada vez más productivo, sino que podrás ver cada día como uno de tus mejores momentos.

Visita nuestra página de autores en Amazon! ¡Y consigue más MENTES LIBRES!

http://amazon.com/author/menteslibres

Si lo deseas, puedes dejar tu comentario sobre este libro haciendo clic en el siguiente enlace para que podamos seguir creciendo! ¡Muchas gracias por tu compra!

https://www.amazon.com/dp/B081LVFDKM

www.ingramcontent.com/pod-product-compliance
Lightning Source LLC
Chambersburg PA
CBHW050254220526
45465CB00002B/672